Cómo lavar un corazón

Título original:
How To Wash A Heart

Primera edición: marzo de 2025

Diseño de cubierta: Eduardo Jiwnani (La Luz Roja)

Maquetación: Arcadio Mardomingo

Ediciones La uÑa RoTa, S. L.
Apdo. de correos 380, 40080 Segovia
Correo electrónico: ediciones@larota.es
www.larota.es

DL SG 20-2025
ISBN: 978-84-18782-63-3

Impreso en España
Impresión: Villena Artes Gráficas

Cómo lavar un corazón

Bhanu Kapil

How To Wash A Heart

Traducción de Carlos Bueno Vera

Ediciones La uÑa RoTa

Colección Libros Inútiles

Like this?
It's inky-early outside and I'm wearing my knitted scarf, like
John Betjeman, poet of the British past.
I like to go outside straight away and stand in the brisk air.
Yesterday, you vanished into those snowflakes like the ragged
beast
You are.
Perhaps I can write here again.
A "fleeting sense of possibility." – K.
Keywords: Hospitality, stars, jasmine,
Privacy.
You made a space for me in your home, for my books and
clothes, and I'll
Never forget that.
When your adopted daughter, an "Asian refugee"
As you described her,
Came in with her coffee and perched on the end
Of my cot, I felt so happy.
And less like a hoax.
Showed her how to drink water
From the bowls
On the windowsill.

¿Así?
Afuera es noche cerrada y llevo mi bufanda de punto, como
John Betjeman, poeta del pasado británico.
Me gusta salir cuanto antes al frescor de la brisa.
Ayer desapareciste entre los copos de nieve como el
   monstruo harapiento
que eres.
Quizá pueda escribir aquí otra vez.
Una «sensación fugaz de posibilidad», K.
Palabras clave: Hospitalidad, estrellas, jazmín,
privacidad.
Me hicisteis hueco en vuestra casa, para mis libros y mi ropa, y
nunca lo olvidaré.
Cuando vuestra hija adoptiva, una «refugiada asiática»,
como la describisteis,
entró con su café y se puso al pie
de mi catre, me sentí feliz.
Y menos como un fraude.
Le enseñé a beber agua
de los cuencos
sobre el alféizar.

I don't want to beautify our collective trauma.
Your sexual brilliance resided, I sometimes thought,
In your ability to say,
No matter the external circumstances:
"I am here."
From this place, you gave only this many
Desiccated fucks
About the future.
Day by day, you discovered what happiness is.
As your guest, I trained myself
To beautify
Our collective trauma.
When night fell at last, I turned with a sigh
Towards the darkness.
I am about to squeeze out an egg, you
Murmured
As you kissed me
Goodnight.
Hold a funeral for the imagination,
I thought.

No deseo embellecer nuestro trauma colectivo.
A veces pensaba que tu fulgor sexual residía
en la capacidad que tenías para decir,
sin importar las circunstancias externas:
«Aquí estoy».
Desde este lugar, sólo por momentos te importó
una mierda
el futuro.
Cada día descubrías lo que era la felicidad.
Como vuestra invitada, me entrené
para embellecer
nuestro trauma colectivo.
Cuando por fin anocheció, me giré con un suspiro
hacia la oscuridad.
Voy a plantar un pino,
murmuraste
mientras me dabas un beso
de buenas noches.
Celebra un funeral por la imaginación,
pensé.

To my left is a turquoise door and to my right, a butcher's
Table.
Above you is a heart
Beating in the snow.
When I described the set of my play, an environment
More vivid to me
Than the memory
Of my childhood home, your
Face
Turned green.
What made you know something was over?
The milk in your eyes
Scared me.
In that moment, I understood that you were a wolf
Capable of devouring
My internal organs
If I exposed them to view.
Sure enough, the image of a heart
Carved from the body
Appeared
In the next poem you wrote.

A mi izquierda hay una puerta turquesa y a mi derecha, una
mesa de
carnicero.
Encima de ti un corazón
late en la nieve.
Cuando te describí el escenario de mi obra, un espacio
más vívido para mí
que el recuerdo
de la casa de mi infancia, te
cambió la
cara.
¿Qué te hizo saber que algo se había terminado?
Esa nube en tus ojos
me asustó.
En ese momento comprendí que eras un lobo
capaz de devorar
mis entrañas
si las dejaba a la vista.
Como era de esperar, la imagen de un corazón
extirpado del cuerpo
apareció
en el siguiente poema que escribiste.

There's a bright caul of fire
And cream
As I write these words, stretching out
These early spring or late winter
Mornings with coffee
And TV.
I don't remember
The underneath,
Everything I will miss when I die.
It's exhausting to be a guest
In somebody else's house
Forever.
Even though the host invites
The guest to say
Whatever it is they want to say,
The guest knows that host logic
Is variable.
Prick me.
And I will cut off the energy
To your life.

Hay una membrana brillante de fuego
y crema
mientras escribo estas palabras y estiro
las mañanas del comienzo de la primavera o del final del
invierno
con café
y televisión.
No recuerdo
lo de debajo,
todo lo que echaré de menos cuando muera.
Es agotador estar
siempre
como huésped en casa de otro.
Aunque la anfitriona anime
al huésped a decir
lo que sea que quisiera decir,
el huésped sabe que la lógica de la anfitriona
varía.
Jódeme.
Y amputaré toda energía
de tu vida.

How to wash a heart:
Remove it.
Animal or ice?
The curator's question reveals
Their power style.
If power implies relationship,
Then here we are
At the part where even if something
Goes wrong,
That's exactly how it's meant to be.
Your job is to understand
What the feedback is.
It's such a pleasure to spend time
Outside the house.
There's nowhere to go with this
Except begin:
To plunge my forearms
Into the red ice
That is already melting
In the box.

Cómo lavar un corazón:
sácatelo.
¿De animal o de hielo?
La pregunta desde la curaduría revela
el estilo con que se ejerce el poder.
Si todo poder implica un vínculo,
aquí estamos entonces,
en ese momento en el que incluso si algo
va mal,
es así como debería ir.
Tu trabajo consiste en entender
la respuesta que vaya a suscitar.
Qué placer da pasar tiempo
fuera de la casa.
No nos traslada a ningún sitio
excepto al comienzo:
a sumergir mis brazos
dentro del hielo rojo
que se derrite
en la caja.

My spiritual power was quickly depleted
By living with you.
Like an intrusive mother, you
Cared for my needs
But also, I never knew
When you might open my door, leaving it open
When you left.
My identity as a writer was precarious
During the time
I lived with you.
Once, you locked me in.
An accident.
My spine against a tree
When I dreamed that night.
Contact nature
On all fours, said the counsellor,
Slipping off her chair onto the floor.
Help me to repair
What is broken and immortal.
Is that the bin?

Mermó con rapidez mi energía espiritual
al vivir contigo.
Como una madre intrusiva, te
preocupabas por mis necesidades
aunque, de igual modo, nunca sabía
cuándo ibas a abrir mi puerta y dejarla abierta
al marcharte.
Mi identidad como escritora era precaria
en la época
en la que viví contigo.
Una vez me encerraste con llave.
Un accidente.
Mi espina vertebral contra un árbol
al soñar aquella noche.
Conecta con la naturaleza
ponte a cuatro patas, me recomendó la terapeuta,
deslizándose de su silla al suelo.
Ayúdame a arreglar
lo que está roto y es inmortal.
¿Es esa la papelera?

I come from a country
All lime-pink on the soggy map.
Destroy me,
My soul whispered.
Eat me, bones and all.
Crush me in a vise.
Stop me
From walking out
That door.
The balloon deity
I made from the condom
On the floor
Was purgative, revolting,
Brilliant.
Her lips were pursed.
It doesn't matter
That you made so many mistakes,
She said.
Violence rots the brain.
Go.

Provengo de un país
color rosa-lima de un mapa empapado.
Destrúyeme,
susurró mi alma.
Cómeme, con huesos y todo.
Prénsame en un tornillo de banco.
Impide que
salga por
esa puerta.
La deidad globosa
que hice con el condón
del suelo
fue purgante, repulsiva,
brillante.
Ella fruncía los labios.
No importa
que hayas cometido tantos errores,
me dijo.
La violencia pudre el cerebro.
Vete.

I do not enjoy eating too much.
It's so painful.
The only remedy is the bitter herb
That grows by a rushing brook.
Oils, sugars, pearls, crushed diamonds, linens and songs
Populate your crappy cabinets.
Make a list of what you need
And I will get it, you ungrateful cow.
This is what I need:
The light and the heat and the yesterday
Of my work.
A candle on the wonky table at dusk.
How thyme migrates.
The chalky blue flowers.
I need something that burns as slowly
As that.
Because living with someone who is in pain
Requires you to move in a different way.
You bang the cup down
By my sleepy head.

No me gusta mucho comer.
Es muy doloroso.
El único remedio es la hierba amarga
que crece junto a un arroyo caudaloso.
Aceites, azúcares, perlas, brillantes, sábanas y canciones
pueblan tus armarios cutres.
Haz una lista de lo que necesites,
iré por ello, cerda desagradecida.
Esto necesito:
la luz y el calor y el ayer
de mi trabajo.
Una vela sobre la mesa coja al atardecer.
La migración del tomillo.
Flores azul tiza.
Necesito algo que arda tan lentamente
como aquello.
Porque convivir con alguien que está sufriendo
requiere que te muevas de una manera diferente.
Das un golpe al dejar la taza
junto a mi cabeza adormilada.

Don’t forget me, I whisper to my
Father.
Give me something to eat, I’m
So hungry, I call out to my
Mother.
The conditional care
Of even these
Imaginary parents
Excretes a hormonal load.
Am I safe with you?
Or like a baby crawling on the bumpy
Carpet, am I my own
Mother, actually?
Imagine a baby developing so rapidly
That by nightfall
It has ripped through the pale blue
Smock to evolve
Beyond the limits of the human.
I remember
How my mother woke me up
So early
To look at the bloody stars.

No me olvides, susurro a mi
padre.
Dame algo de comer, estoy
tan hambrienta, le pido a mi
madre.
Incluso el cuidado condicional
de estos
padres imaginarios
excreta una avalancha hormonal.
¿Estoy segura contigo?
O, como un bebé que gatea en una alfombra
llena de bultos, ¿soy, en realidad,
mi propia madre?
Imagina un bebé que creciera a tal velocidad
que al anochecer
hubiera destrozado el babi
azul clarito y sobrepasara
los límites de lo humano.
Recuerdo
que mi madre me despertaba
muy pronto
para ver las malditas estrellas.

My grandfather fermented the yoghurt
With rose petals
And sugar then buried it
In the roots of a mango tree.
Come here, he said, extending
The sweetest fruit I have ever tasted.
Come June.
On the far side of the orchard
He grew saffron and the mangoes there
Were red and pink.
In the dry well
He planted a pomegranate tree.
This is where they threw
The bodies.
Come august
Noon.
Can you find your way home
By smell?
Metallic, the air tilts along a diagonal line.
I smell the pollen of the flowers of the mango tree
Which once concealed
A kill.

Mi abuelo fermentaba el yogur
con pétalos de rosa
y azúcar después lo enterraba
bajo las raíces de un árbol de mango.
Ven aquí, me decía, ofreciéndome
la fruta más dulce que nunca haya probado.
Llega junio.
A un extremo del huerto
sembró azafrán y los mangos allí
eran rojos y rosáceos.
Donde el pozo seco
plantó un granado.
Allí es donde tiraban
los cuerpos.
Llega la tarde de
agosto.
¿Puedes encontrar el camino a casa por
el olor?
Metálico, el aire se desplazaba en diagonal.
Huelo el polen de las flores del mango
que una vez ocultaron
un asesinato.

For lunch, my mother made okra
With caramelized onions,
A feat!   The wet caps
She stuck to my forehead, cheeks
And nose.
Grimacing as the gates of the school
Swung open, I was
A joke.
The children who were children
Like me
Fled.
I was alone with the slime
Dripping down the neck
Of my red and white dress,
Nettle bites lucid on my shins.
Because I ran through the alleyways
And not the streets
To get here:
A hot yard.
Shame invites the sun
To live in the anus, the creases
Of the throat.

Para comer, mi madre preparó okra
con cebolla caramelizada,
¡una hazaña!   Me pegaba las caperuzas húmedas
en la frente, mejillas
y nariz.
Hacía muecas
mientras se abría la verja del colegio, yo era
de chiste.
Los niños que eran niños
como yo
huyeron.
Me quedé sola con la baba
resbalándome por el cuello
de mi vestido rojo y blanco,
picaduras de ortiga relucientes en mis espinillas.
Porque corrí por callejones
y no por calles
para llegar aquí:
a un patio caluroso.
La vergüenza invita al sol
a vivir en el ano, los pliegues
de la garganta.

The priest brought my mother home.
My father fell over in the snow
After drinking his guts out.
The world
Was falling down around my ears.
When our neighbors
Said go, we fled,
Our hearts beating
Like a fish.
Hello, sang Lionel Richie, on the taxi's orange
Radio.
My grandfather burned his notebooks
Then scraped the ash
Into a hole
He could bottom up.
Don't ask me to remember
The word for zip.
My secret is this:
Though we lost all our possessions,
I felt
A strange relief
To see my home explode in the rearview mirror.

El cura trajo a mi madre a casa.
Mi padre se tropezó en la nieve
después de dejarse el hígado bebiendo.
El mundo
se desmoronaba a mi alrededor.
Cuando los vecinos
dijeron marchad, huimos,
nuestros corazones palpitaban
como un pez.
Hello, cantaba Lionel Ritchie, en la radio naranja del taxi.
Mi abuelo quemó sus cuadernos
y arrastró la ceniza
a un agujero
que pudo tapar.
No me pidáis que recuerde
cómo se dice salir pitando.
Aquí va mi secreto:
aunque perdimos todas nuestras pertenencias,
sentí
un extraño alivio
al ver por el retrovisor que mi casa explotaba.

Monoracial, we fetched up
In a place without
Discrete racial categories.
Our hair
No longer felt like our hair
No matter how long
We combed it
With milk.
The messages we received
Were as follows:
You are a sexual object, I have a right
To sexualize you.
You are not an individual.
You are here
For my entertainment.
You complain too much.
Your sexual identity is not
Important.
The way you talk about what happened to you
Is a catastrophic representation.
Merry Christmas,
Little pig.

Monorracial, terminamos
en un lugar sin
categorías raciales diferenciadas.
Nuestro pelo
dejó de parecer nuestro pelo
y ya no importaba el tiempo
que lo peináramos
con leche.
Los mensajes que recibíamos
eran los siguientes:
eres un objeto sexual, tengo derecho
a sexualizarte.
No eres un individuo.
Estás aquí
para mi diversión.
Te quejas demasiado.
Tu identidad sexual no
importa.
La forma en que hablas de lo que te pasó
es una representación catastrófica.
Feliz navidad,
cerdita.

"A scream was heard.
A scream."
Psychosis creams the air
Giving it a peculiar richness
And depth.
I dissolve a lozenge
Beneath my tongue
For courage.
But now Will Ransome
And Cora Seaborne
Have fallen in love
And I feel so much better.
Peel an orange
From the market.
Remove it from a paper bag.
The city like a thin piece of muslin
Stretched over the drain-pipes,
Steeples
And bees.
A grey ribbon tied around the wrist.
You could see it growing taut.
Please.

«Se oyó un grito.
Un grito».
La psicosis impregna el aire
dotándolo de una extraña intensidad
y profundidad.
Disuelvo una pastilla
debajo de la lengua
para reunir valor.
Ahora que Will Ransome
y Cora Seaborne
se han enamorado
me encuentro mucho mejor.
Pela una naranja
del mercado.
Sácala de una bolsa de papel.
La ciudad como una fina tela de muselina
que se extendiera sobre las cañerías,
los campanarios,
las abejas.
Una cinta gris atada a la muñeca.
Ves cómo se vuelve cada vez más tirante.
Por favor.

Here in the black and silver café now and
It's wonderful.
I love the alien foliage
In the bathroom.
D. is reading *Madame Bovary*
In a translation
By Lydia Davis.
My first friend in this country
Is gorgeous,
Lanky and blonde.
How long have I been
Gone?
I rarely think of the bright brown eyes
Of my childhood friends,
The unreachable memories
Of foraging
For red and white toadstools
In the forest.
Though the outer conditions
Are xenophobic,
I only want
To bask in this exotic friendship.

Aquí en la cafetería negra y plateada ahora
se está de maravilla.
Me encanta el follaje alienígena
del baño.
D. lee *Madame Bovary*
en traducción
de Lydia Davis.
Mi primera amiga en este país
es guapísima,
desgarbada y rubia.
¿Hace cuánto me
marché?
Rara vez pienso en los brillantes ojos marrones
de mis amigos de la infancia,
los recuerdos lejanos
de salir en busca de alimento,
setas venenosas rojas y blancas
en el bosque.
Aunque la situación en el exterior
sea xenófoba,
sólo deseo
disfrutar de esta exótica amistad.

I was born feet-first beneath a Lebanon cedar
At 10:23 a.m.
On a November morning
So long ago
That many people who were alive that day,
Flinching from a sudden rain,
No longer walk upon this earth.
I am going to take you by surprise.
I am going to make you
So proud of me.
When you watch my plays, your heart
Will make a circuit with the dense shadow
In the upper part of the atmosphere.
The clouds
Will rain green frogs
The size of fingernails
And we will scoop them up
With our hands.
Sometimes I lie on the earth face down
To connect
With its copper plate.
You won't have to love me
For very long.

Nací con los pies por delante bajo un cedro libanés
a las 10:23
de una mañana de noviembre
hace ya tanto tiempo
que mucha gente que aquel día vivía,
encogida bajo una súbita lluvia,
ya no se encuentra en este mundo.
Te voy a sorprender.
Vas a estar
orgullosa de mí.
Cuando veas mis obras de teatro, tu corazón
formará un circuito uniéndose a la sombra densa
de la parte superior de la atmósfera.
De las nubes
caerán ranas verdes
del tamaño de una uña
y las recogeremos
con las manos.
A veces me tumbo en la tierra bocabajo
para conectar
con su lámina de cobre.
No tendrás que quererme
por mucho tiempo.

Tell me about your long journey,
You said, that
First day.   Are your children
White?
I was confused by the question.
Perhaps I misheard.
What was it
Like?
I said: "There was a river and the poets
Loved to soar in its pallid
Current, a goat
Deprived of its innards, then sealed,
Inflated, sewn up by a cobbler
In a nearby colony.
When the snakes appeared
For the first time, the poets
Sat on the banks of the river
With a hand-stitched flag and sang
A song called *Gugga*."
No, you said.
I want to hear what happened afterwards
Not before.

Háblame de tu largo viaje,
dijiste, aquel
primer día.   ¿Son blancos
tus hijos?
La pregunta me confundió.
Quizá te entendí mal.
¿Me cuentas los
entresijos?
Dije: «Había un río y los poetas
amaban ascender por su pálida
corriente, una cabra
eviscerada, que luego selló,
rellenó y zurció un zapatero
de una colonia cercana.
Cuando aparecieron las serpientes
por primera vez, los poetas
se sentaron a orillas del río
con una bandera cosida a mano y cantaron
una canción llamada *Gugga*».
No, dijiste.
Quiero saber lo que pasó después,
no antes.

On the second day, your daughter,
Adopted at the age
Of ten, appeared
At the brim of my bed.
I was still healing, unable
To re-set.
"It's not the men who exile me,
It's the women. I don't trust
The women," wrote
Aurora Levins Morales.
It was already clear to me
That you would
Dig up the sky, but this,
Your daughter's visit,
I could
Tolerate.
When's the last time you saw
A werewolf?
It's extraordinary how afraid I am
All the time.
What I would have said.
Speak.

Al segundo día, tu hija,
adoptada con diez
años, apareció
al borde de mi cama.
Todavía estaba curándome, incapaz
de recomponerme.
«No son los hombres los que me exilian
sino las mujeres. No me fio
de las mujeres», escribió
Aurora Levins Morales.
Yo ya tenía claro
que serías capaz de
remover el cielo, pero esto,
la visita de tu hija,
podía
tolerarlo.
¿Cuándo fue la última vez que viste
a un hombre lobo?
Es asombroso el miedo que tengo
todo el tiempo.
Lo que le hubiera dicho yo.
Habla.

On the third day, you invited
Half your neighborhood
To glimpse the red leaf
You had placed
Like a thing of beauty
In the pudding basin
Of tap water by the door.
Was I your art?
My involvement with your family
Was an act of volition
And consensus.
The political face you showed
To your neighbors,
For example, was contra-
Regime.
My links to the community
Of writers I had been a part of
Had broken overnight.
And so, I smiled
And laughed when you did.
I was not stupid.
I was not confused.

Al tercer día, invitaste
a la mitad del vecindario
a ver la hoja roja
que habías colocado
como algo bello
en el cuenco
con agua del grifo junto a la puerta.
¿Era yo tu obra de arte?
Mi implicación con tu familia
era un acto de volición
y consenso.
La faceta política que mostrabas
a tus vecinos,
por ejemplo, era contraria
al régimen.
Mis vínculos con la comunidad
de escritores de la que había formado parte
se rompieron de la noche a la mañana.
Y, no obstante, sonreía
y reía cuando tú lo hacías.
No es que fuera estúpida.
No es que estuviera confundida.

On the fourth day, I dreamed
Of early scenes.
How villagers cooked bread
With sugar then threw it
In the river.   The fish
Gobbled it up.
Sure enough, the drought
Ended.
Once, they burned my dolls
And all the hand-made dolls
Of the girls in the village.
What will you sacrifice
For rain?
Imagine a heart
Suspended
In the moody-blue sky
Above the pyramid
Of orange clay.
With a bright voice, a voice
That was to loud,
You broke my trance.
Is she really still asleep?

Al cuarto día, soñé
con escenas remotas.
Con aldeanos que cocían pan
con azúcar y luego lo tiraban
al río. Los peces
lo engullían.
Como era de esperar, la sequía
se acabó.
Una vez quemaron mis muñecas
y todas las muñecas hechas a mano
de las niñas de la aldea.
¿Qué sacrificarás
por la lluvia?
Imagina un corazón
suspendido
en el deprimente cielo azul
sobre la pirámide
de arcilla anaranjada.
Con voz clara, una voz
demasiado alta,
interrumpiste mi trance.
¿De verdad sigue dormida?

On the fifth day, my cousin
Barged in.
He was an architect of pre-war
Life.
In the oily bag he offered me,
Deep-fried savory pastries
Gleamed.
Do you remember when Bumma
Ran into the trees
And roared like a lion,
Reciting his poetry from the bushes?
Binna was so jealous,
Whispering to the listeners: "ISN'T IT BORING?"
Do you remember
How insulted Bumma was?
"I hope the lions eat you
Next time," he shouted, stomping off!
Yes,
I remember.
Like thunders and meteors,
Your visit reminds me
Who I really am.

Al quinto día, irrumpió
mi primo.
Se ganaba la vida como arquitecto
antes de la guerra.
En la bolsa aceitosa que me ofreció
brillaban hojaldres salados
fritos.
¿Te acuerdas de cuando Bumma
corrió hacia los árboles
y rugió como un león
y recitó sus poemas desde los arbustos?
Binna tenía tantos celos
que susurró: «QUÉ ABURRIMIENTO, ¿NO?».
¿Te acuerdas de lo ofendido
que se sintió Bumma?
«Espero que te devoren los leones
la próxima vez», gritó, ¡y se largó a trompicones!
Sí,
me acuerdo.
Igual que el trueno y los meteoros,
tu visita me recuerda
quién soy realmente.

On the sixth day, I broke
A vase.   You
Went crazy.
I sat in the most English of cafés
With your daughter,
Who followed me
When I ran away.
"I can see
The resemblance,"
Said the waitress
When she brought
Our steaming tea.
Like two cats
Trying to catch a mouse,
Your daughter and I smiled, buzzing
With light feelings
That exploded
When she left into glee.
That night, you refused to say a word
To either of us.
Is silence an axe
Raised above the head?

Al sexto día, rompí
un jarrón.   Te
enfureció.
Me senté en la cafetería más inglesa que encontré
con tu hija,
que me había seguido
cuando salí corriendo.
«Se ve
el parecido»,
dijo la camarera
cuando trajo
el té humeante.
Como dos gatas
que intentan cazar un ratón,
tu hija y yo nos sonreímos, zumbando
sentimientos livianos
que estallaron en regocijo
cuando ella se marchó.
Aquella noche, no nos dirigiste la palabra
a ninguna de las dos.
¿Es el silencio un hacha
que pende sobre la cabeza?

Day seven.   My father
Once leaped off a moving train
Or perhaps it was slowing
To a stop,
To see the footprint
Of an ancient god
Embellished with vermillion
Powder
And marigolds
Every morning for a thousand years.
Against the backdrop
Of eternal time,
I pierce the space between
My host and I
With fakes.
The wealth and property
Of my host
Require constant surveillance.
Turning the corner,
Unsurveilled,
I simulate the movements
Of an ape.

Día siete. Mi padre
una vez saltó de un tren en marcha,
o quizá ya desaceleraba
para detenerse,
a ver una huella
de un dios antiguo
que cada mañana
desde hace mil años
era ornada con polvo bermellón
y caléndulas.
Contra el telón de fondo
de la eternidad
perforo el espacio entre
mi anfitriona y yo
con falacias.
La riqueza y las propiedades
de mi anfitriona
requieren de una vigilancia constante.
Al doblar la esquina,
sin ser vigilada,
simulo los movimientos
de un simio.

On the eighth day, you
Try again.
In the boutique, you buy
Pretty bras.
I press the plush white towel
To my cheek.
This is titration:
A few moments to feel like
A complete human being.
When you ask the question
Again, I'm caught off guard
To such a degree
That I want to fall to my knees
And weep until you leave.
But this is your house
And there's no law
That requires
What you're offering me to last
Or outlast
The moment I crossed your threshold
To eat this heaving plate
Of meat.

Al octavo día, lo
vuelves a intentar.
En la tienda compras
sujetadores bonitos.
Me froto la mejilla con
la lujosa toalla blanca.
Esta es la dosificación:
unos instantes para sentirme como
un ser humano completo.
Cuando me vuelves a
preguntar, me pillas hasta tal punto
desprevenida
que quiero arrodillarme
y echarme a llorar hasta que te marches.
Pero esta es tu casa
y no hay ley
que exija
que lo que me ofrezcas haya de durar
o se prolongue
más allá del momento en que crucé el umbral
para comer este plato atiborrado
de carne.

The art of crisis
Is that you no longer
Think of home
As a place for social respite.
Instead, it's a ledge
Above a narrow canyon.
This is where you shit
And sleep, dreaming one night
Of jellyfish
In an aquarium
In Berlin, a factor
Of your European
Stay.
Beneath your clothes, you wear
A corset
Of bones, oil and
Cabbage leaves:
A sticky paste.
This causes shame
When it's time
To disrobe
In the facility.

El arte de la crisis
consiste en dejar de
pensar en el hogar
como un lugar para el descanso social.
En cambio, es un saliente
en lo alto de un estrecho desfiladero.
Aquí es donde cagas
y duermes, soñando una noche
con medusas
en un acuario
de Berlín, un elemento
de tu estancia
europea.
Debajo de la ropa llevas
puesto un corsé
de huesos, aceite y
hojas de col:
una masa pegajosa.
Da vergüenza
cuando llega el momento
de desvestirse
en las instalaciones.

They tossed the garnet necklace
My mother gave me
When I was ten,
A brilliant child who studied
The history of revolutions
In school.
Is a poet
An imperial dissident, or just
An outline
Of pale blue chalk?
What happens to the memory
Of other languages,
Carried in the body as poetry,
When everyone on the periphery,
The people who memorise
These poems
On their long journeys
To other lands, is gone.
My ancestral line
Was decimated,
For example,
One hot night.

Tiraron el collar de granates
que me regaló mi madre
cuando tenía diez años,
una niña brillante que estudiaba
la historia de las revoluciones
en la escuela.
¿Es un poeta
un disidente imperial o apenas
un trazo de
tiza azul pálido?
¿Qué sucede con la memoria
de las otras lenguas,
que el cuerpo lleva dentro como poesía,
cuando todo el mundo de la periferia,
la gente que memoriza
esos poemas
en sus largos viajes
a otras tierras, desaparece?
Mi rama ancestral
fue diezmada,
sin ir más lejos,
una noche calurosa.

How do you live when the link
Between creativity
And survival
Can't easily
Be discerned?
The answer to this question
Brought me here.
My fingerprints bloom
On the cream-colored
Card.
Can you
Delete it?
And with a click,
A sideways glance,
The name a lover murmured
At 3 a.m.
Is groomed.
I remember when I
Was a treasured pet.
With casual greed,
How I licked
That salty cream.

¿Cómo vivir cuando el vínculo
entre creatividad
y supervivencia
no puede discernirse
con facilidad?
La respuesta a esa pregunta
es lo que me ha traído aquí.
Mis huellas dactilares florecen
en la tarjeta de color
crema.
¿Se puede
borrar?
Y con un clic,
una mirada a un lado,
el nombre que un amante murmuró
a las 3 de la mañana
queda arreglado.
Recuerdo cuando
fui una mascota querida.
Chupé de aquella
crema salada
con distraída gula.

Blue nitrile gloves.
A drawer that's not pushed in.
The Victorian
Seriousness
Of the man
Posing for his
Photograph, upright
And unsmiling,
His moustache and satin shirt
Fit for tea with a King.
So many of my experiences
Were about waiting,
Noting the reserve,
Anxiety and palpable fear
In those guarded
Rooms.
Perhaps you know
What comes next.
Perhaps you don't.
Perhaps you have lived your life
Without error, fortitude,
Or end.

Guantes de nitrilo azul.
Un cajón sin cerrar.
La seriedad
victoriana
del hombre
que posa para que
lo fotografíen, erguido
y sin sonreír,
con su bigote y su camisa de raso,
idóneos para tomar té con un rey.
Muchas de mis experiencias
tratan sobre la espera,
advirtiendo la desconfianza,
la ansiedad y el miedo palpable
en esas habitaciones
custodiadas.
Quizá sepas
lo que viene ahora.
Quizá no.
Quizá hayas vivido tu vida
sin yerro, fortaleza
o final.

We've come to tell you
How much we love you,
How well you're doing,
Squawks the angel,
Dropping her cloak.
But all I could think of
Was the predator, the one
Who stops the flow of life
With a sweet gaze,
Then rises up
To get you.
How can you tell the difference
Between the smoke
Of the angel's cigarette
And the loving, clear eyes
Of whatever it is
That wants you
To go deeper,
So deep that peacocks and lions
Preen and flex
In abundance,
Carved by a steady hand.

Hemos venido a decirte
lo mucho que te queremos,
lo bien que lo estás haciendo,
grazna ella, el ángel,
dejando caer su capa.
Pero sólo podían pensar
en el depredador, quien
detiene el curso de la vida
con una mirada dulce
y luego se levanta
para ir por ti.
Cómo explicar la diferencia
entre el humo
del cigarrillo del ángel
y los ojos claros y amorosos
de lo que sea
que desea que vayas
a más profundidad,
tan hondo que pavos reales y leones
se acicalan y se exhiben
con exuberancia,
tallados por una mano firme.

A door opened in the side
Of sheer rock
And I stepped through it.
Images of an alternative life
Filled my psyche
Like wet owls.
I could not bear the facial expressions
Of the people
I was closest to, a source
Of embarrassment.
And so I left,
Never to return
Intact.
Or to a home
That was intact.
Yes, just like everyone else,
I had to deal
With the strong feelings
That moved through my body
Like sheets of rain
Embossed
With navy blue diadems.

Se abrió una puerta en el lateral
de una roca escarpada
y la crucé.
Mi psique se llenó
de imágenes de otra vida
como búhos mojados.
No podía soportar las expresiones
faciales de las personas
que eran más cercanas a mí, me
avergonzaban.
Así que me marché,
para no regresar jamás
intacta.
O a un hogar
que estuviera intacto.
Sí, como todos los demás,
tuve que lidiar
con los sentimientos intensos
que atravesaban mi cuerpo
como láminas de lluvia
labradas
con diademas azul marino.

How to wash a heart:
Remove it then pack it
In ice.
Remove it then paint it
In the course of one afternoon,
Like Edvard Munch,
An artist in transit
Between loves, colors, afternoons.
The taste of lemon rind
Mixes
With the Norway of dried blood,
A country
I visited once.
The linearity required of immigrants
Ebbs.
There's a cost
To that refusal.
A small voice pipes up
To ask me what I need
Before I go on,
But I have no time
For babies.

Cómo lavar un corazón:
extráelo luego envuélvelo
en hielo.
Extráelo luego píntalo
en el curso de una tarde,
como Edvard Munch,
un artista en tránsito
entre amores, colores, tardes.
El sabor de la monda de limón
se mezcla
con la Noruega de sangre reseca,
país que visité
una vez.
La linealidad exigida a los inmigrantes
se desvanece.
Ese rechazo
tiene un coste.
Una vocecilla alza la voz
para preguntarme qué necesito
antes de continuar,
pero no tengo tiempo
para bebés.

Silk, rubies, scripture
Written from right
To left.
A shirt made from raw cotton.
Earrings
Torn from the ears
In one gesture.
A Raleigh bicycle.
All the Arden Shakespeares.
The nurse's cape I wore to university.
A painting of four houses
On an English lane:
Pale blue and a buttery
Yellow.
Oh, everything.
Shoes.
Either we dumped it off
Or it was taken from us
In a great boiling wave
Of human gain.
There's no such thing
As skin.

Seda, rubíes, las escrituras
de derecha
a izquierda.
Una camisa de algodón rústico.
Pendientes
arrancados de las orejas
con un gesto.
Una bicicleta Raleigh.
Todo los Shakespeares publicados en Arden.
La capa de enfermera que llevé en la universidad.
Un cuadro de cuatro casas
en una calle inglesa:
azul claro y un amarillo
mantequilla.
Ah, todo.
Zapatos.
O lo tiramos
o nos lo arrebataron
en un gran hervidero
de ganancia humana.
No existe algo así
como la piel.

The host's gleaming hair
Responds beautifully to the shampoo
She has set out for us
To share.
What's mine is yours,
She says with a sweet
Smile.
I don't want you taking her out
Without asking me
First, she continues,
Holding her daughter tight
Against her side.
I can smell your body
Odor.
I can smell your vagina.
Are you wearing your genitals
As a brooch?
I imagine this is what is meant
By the gift
Of a douche
And the yellow bottle
Of medicated powder.

El pelo brillante de la anfitriona
responde a la perfección al champú
que nos ha dejado para que
compartamos.
Lo mío es tuyo,
dice con una dulce
sonrisa.
No quiero que te la lleves por ahí
sin preguntármelo
antes, continúa,
estrechando con fuerza a su hija
contra su costado.
Huelo tu olor
corporal.
Huelo tu vagina.
¿Llevas los genitales
como un broche?
Supongo que eso es lo que se quiere decir
cuando se regala
una ducha vaginal
y el frasco amarillo
de polvos medicinales.

I want to be split
Into two parts
Or a thousand pieces.
I want you to touch
My cervix.
I want my dress
Shredded
And my life
Too.
Then tenderly resumed
Or banished.
Whatever you want to do
To me do it.
To this end, I invited you
Back.
But at the door
To my bedroom,
The host appeared
In her jammies.
Listen.
We didn't agree
To this.

Quiero que me partan
en dos
o en mil pedazos.
Quiero que me toques
la cérvix.
Quiero que me arranquen
el vestido,
también
la vida.
Y después con ternura retomarla
o desterrarla.
Haz lo que quieras
hacerme.
Con ese fin, te invité
de nuevo.
Pero en la puerta
de mi dormitorio,
apareció la anfitriona
en pijama.
Oye.
No acordamos
esto.

When what you perform
At the threshold
Is at odds
With what happens
When the front door is closed,
Then you are burning
The toast
And you are letting the butter
Fester.
Verbally, you state egalitarian
Ideals.
Financially, you hook
That brown baby
Up.
But in private, when it's snowing
Or when the sun
Is ruddy, a speculative
Blob,
You say no.
No to the wet towel
On the bannister.
I've had enough.

Cuando la representación
en el umbral
no coincide
con lo que sucede
una vez se cierra la puerta principal,
entonces es que estás quemando
la tostada
y permitiendo que la mantequilla
se eche a perder.
Verbalmente, manifiestas ideales
igualitarios.
Económicamente, tienes prendida
a esa cría
de piel morena.
Pero en privado, cuando nieva
o cuando el sol se
vuelve rojizo, una masa amorfa
especulativa,
dices que no.
No a la toalla mojada
en la barandilla.
Ya he tenido bastante.

The host-guest chemistry
Is inclusive, complex, molecular,
Dainty.
Google it.
Does the host envelop
The guest or does the guest
Attract diminished forms
Of love, like the love
A parent has for a child
In September
And January, when the child
Is at its most
Vulnerable?
Are these questions enough
To violate
Your desire for art
That comes from a foreign
Place?
What are the limits
Of this welcome?
After all, I don't feel anything
For you.

La química anfitrión-huésped
es inclusiva, compleja, molecular,
delicada.
Gugléalo.
¿Es el anfitrión quien arropa
al huésped o suscita el huésped
formas atenuadas
de amor, como el amor
que sienten unos padres por su hijo
en septiembre
y enero, cuando el niño
es más
vulnerable?
¿Bastan estas preguntas
para violentar
el deseo artístico
procedente de un lugar
extranjero?
¿Dónde quedan los límites
de esta bienvenida?
Después de todo, no siento nada
por ti.

On the first night, we danced
To Mbalax.
On the second night, I roasted
Cumin seeds
Then sprinkled them on yoghurt.
Without words,
Your daughter and I
Drank water
From the bowls on the windowsill,
A traditional form
Of consumption.
This shit's not manageable,
I wrote
On the fourth night,
Something you underlined
And questioned
When you found my Diary
And read from it
Aloud.
Was this the moment
I became
An alien form?

La primera noche, bailamos
con música de Mbalax.
La segunda noche, tosté
semillas de comino
y las espolvoreé sobre el yogur.
Sin decirnos una palabra,
tu hija y yo
bebimos agua
de los cuencos del alfeizar,
la forma tradicional
de consumirlo.
No soporto esta mierda;
escribí
la cuarta noche,
algo que subrayaste
y cuestionaste
cuando encontraste mi Diario
y lo leíste
en voz alta.
¿Fue ese el momento
en el que me convertí
en algo extraño?

I dreamed my grandmother
Was lying face down
In a cave, immersed
In the lightly flowing water.
I dreamed my grandfather
Was riding a motorbike
Without a head.
I dreamed my father
Was pouring me a glass
Of white wine
In the kitchen
As we waited for the yoghurt
To cool.
I dreamed my mother
Was crocheting the sun
Into a dress of copper, blue and yellow
Yarn,
Smiling and nodding
Even as a man
Unknown to my family
Span my body
From a rusted hook.

Soñé que mi abuela
estaba tumbada bocabajo
en una cueva, sumergida
en el agua que fluía suavemente.
Soñé que mi abuelo
conducía una moto
sin cabeza.
Soñé que mi padre
me servía una copa
de vino blanco
en la cocina
mientras esperábamos a que el yogur
se enfriara.
Soñé que mi madre
tejía el sol en un vestido
de ganchillo con hilo amarillo, cobrizo
y azul,
sonriendo y asintiendo
incluso mientras un hombre
desconocido para mi familia
colgaba mi cuerpo
de un gancho oxidado.

I want to wake up
In the arms of the person
I love
And drink coffee with them
On a balcony
That opens up to a forest
Where the moss
Glows green
In the pouring rain.
We are both
Poets
Or one of us is.
It doesn't matter to me
What this person does
For a living
Or who they are
Inside gender's
Hall.
Light a candle, beloved,
And lay me down
On the forest floor.
Am I your queen?

Quiero despertarme
en los brazos de la persona
que amo
y tomar café
en un balcón
con vistas a un bosque
donde el verde
del musgo brille
bajo una lluvia torrencial.
Somos
poetas
o una de las dos lo es.
Me da igual a qué
se dedique
esta persona
o quién sea
en los pasillos del
género.
Enciende una vela, mi amor,
y túmbame
sobre el suelo del bosque.
¿Soy yo tu reina?

There's a knock on the door.
There's a hand on my arm.
Your daughter is screaming.
My eyes are on fire.
There's a knock on my eye.
There's a hand on my fire.
There's a break in the scream.
The scream is mine.
My scream is at hand.
It knocks on the land.
The land gives way.
I suck
The hole.
The hole has a rim.
And in these last moments,
I clock the look
That passes between you.
You and the officer
From the Department
Of Repatriation.
And understand.
This is your revenge.

Llaman a la puerta.
Hay una mano en mi brazo.
Tu hija grita.
Me arden los ojos.
Hay un golpe en mi ojo.
Hay una mano en mi fuego.
Hay una pausa en el grito.
El grito es mío.
Mi grito está a mano.
Golpea la tierra.
La tierra cede.
Chupo
el agujero.
El agujero tiene un borde.
Y en estos últimos momentos
cronometro la mirada
que se cruza entre vosotros.
Tú y el oficial
del Departamento
de Repatriación.
Y comprendo.
Esta es tu venganza.

Nota sobre el título

Un corazón aparece suspendido en el aire junto al cuerpo o plegado dentro de una camiseta en la nieve, en la película en la que Beatrice Dalle sale sobre un trineo. Un corazón aparece suspendido en el aire junto al cuerpo, por unos breves momentos, y expone lo que tiene dentro, a la vista de todos. En los relatos que contaba mi madre, la frontera estaba vestida de órganos. Las dos cosas, cine y guerra, convergen emocionalmente como el deseo de escribir sobre esta imagen: el corazón desplazado de su contexto, una cavidad.

Rosalie Doubal, la comisaria de la programación en directo del Institute of Contemporary Arts (ICA) de Londres, me invitó a preparar una perfomance como parte de la exposición sobre Kathy Acker en 2019. Monté junto a mi hermana, Rohini Kapil, una instalación, performance, lectura poética o ceremonia titulada *How To Wash A Heart [Cómo lavar un corazón]*. Lo que parecía evidente al trabajar con ese título era que lo que específicamente convertía a la poesía en algo maravilloso –la fuerza de una imagen o la manera en la que se repite– no era tan fabuloso cuando se relacionaba con la vida real. Aquella noche concluyó con una pregunta: ¿Qué es el receptor de la sangre? No, salimos por una puerta lateral para volcar un balde de agua roja –con hielos derretidos– en la calle Mall.

La noche que llegué a Londres, recibí un email de Ankur Kalra, un cardiólogo intervencionista de Akron, Ohio, que me pedía que le escribiera algo para la faja de su libro, un poemario que reflejaba el desamor y el amor apasionado que le había inspirado la lectura del Bhagavad Gita. El wifi iba y venía así que, aunque no pude descargarme su manuscrito, le pregunté sobre su trabajo. ¿Qué me puedes contar del corazón de un inmigrante? «Sí», me respondió, «es mi especialidad. Por supuesto, la ansiedad y el shock influyen». Y: «Hay un diagnóstico médico que se le atribuye: síndrome del corazón roto o cardiomiopatía de Takotsubo. Takotsubo es el término/palabra japonesa para la trampa del pulpo. El corazón se «aturde» durante un estrés emocional/psicológico agudo, y esto afecta al músculo cardíaco y a su función de bombeo. Pierde gran parte de su función de bombeo y adopta la forma de Takotsubo; sólo se mueve su base. Puede poner en peligro la vida, es más frecuente en las mujeres y recupera/recobra la función perdida al cabo de varias semanas, una vez que el factor estresante agudo desaparece/se absorbe o se procesa».

La noche de la *performance*, leí este correo en voz alta, después partí mi libro en dos y lo empapé de buena sangre.

Good Blood [Buena sangre]: un ritual performativo creado por Lygia Pape en 2002, en la que dos personas se sientan en sillas una frente a la otra. Ambas sostienen un cubito de hielo hecho con tinta roja sobre la palma boca arriba. Aquella a la que se le derrita antes el hielo, es la de la buena sangre. En las instrucciones no se pide que haya silencio, pero habitualmente, cuando he realizado este ejercicio en prácticas de la facultad o en seminarios de poesía, los participantes no hablan. Tuve una idea para la actividad en el ICA que tenía que ver con los miembros del público, sentados, con cubitos de hielo goteando en el suelo y ellos intercambiando historias profundamente íntimas. Pero al final, resultaba demasiado complicado. Tenía que traer la idea al plano de lo real. Y bajar el sol del tejado al llegar la medianoche. Siempre es medianoche en el museo de arte. Según entraban los asistentes, les entregaba a cada uno un cubito de hielo, que eran rojos por unas gotitas que le había echado. Pensé en decir algo, pero al final fue sólo eso, una manera de dar la bienvenida a la gente al espacio sin hacer uso de palabras.

Así que el título de este libro proviene de esas experiencias, que tuvieron lugar a unos pocos cientos de metros del Palacio de Buckingham. ¡¿Queréis que escriba un poema sobre ello?! Venga.

Cómo lavar un corazón:
así.
La noche de un miércoles a comienzos
de junio
cuando las delicadas flores
se vuelven blancas luego carmesí
luego verdes,
el camerino

del ICA
tiene un frescor agradable.
La miel en la tostada
atrae a los avispones,
decía mi madre.
Ya no soy un saco de huesos
al que puedas ir pateando de aquí para allá.
En su lugar, vierto la tetera
con agua caliente
sobre los cubitos de hielo rojos
en un ensayo
que me conmueve
por su fuerza emocional
y la columna de vapor.

Al escribir estos nuevos poemas, me distancié –casi al instante– del recuerdo de la performance. En su lugar, en el momento en el que me senté a escribir, escuché una voz inesperada.

Esa es la voz de este libro: una inmigrante invitada en el hogar de sus anfitriones, ciudadanos nativos.

La narradora es artista.

El rojo, el corazón y el hielo hablan a través de ellos.

Estos poemas son un intento de entender esa relación que, con rapidez, comienza a torcerse. Lo único que quiero decir sobre lo que pasa en esta casa –o entre estos sujetos– es que vi algo, leí algo, en internet, navegando por las actualizaciones de noticias, sobre una pareja en California que había ofrecido una habitación en su casa a una persona con un visado en una situación precaria. La pareja, de raza blanca, había adoptado a una niña nacida en Filipinas hacía unos años y me quedé asombrada por la expresión de la cara de la madre en la fotografía del periódico, la sonrisa con los músculos de la boca en tensión. También sentí algo que me costaría describir con palabras cuando leí la manera historiada en la que ella describía su hospitalidad. Ese año también estuve reflexionando sobre mi propia experiencia en el marco de la universidad: no se correspondía siempre la generosidad o inclusividad, vista desde fuera, con la experiencia vivida en los pasillos y encuentros en la facultad de espacios «mayormente blancos» que una universidad privada de humanidades puede llegar a tener con frecuencia en Estados Unidos. Y la discrepancia entre las dos habitualmente sólo puede llegar a sentirse fugazmente, más que llegar a palparse. Comencé a preguntarme, en otras palabras, cómo era la vida en aquella casa en realidad. Dicho esto, me ha sido imposible volver a encontrar ese artículo de nuevo y me pregunto si estoy mezclando la historia de la adopción con la historia de la invitada. Quizá malinterpreté las contracciones en el tejido blando de alrededor de la boca de la mujer en la fotografía que sólo vi una vez brevemente.

¿Y qué más? En EE. UU. y en Gran Bretaña, durante la escritura de este libro, se dio pábulo a una retórica antiinmigración. Puede que, cuando se lean estas palabras, la cosa esté peor.

Agradecimientos

La frase «disidente imperial» proviene de *Insurgent Empire: Anticolonial Resistance and British Dissent [Imperio insurgente: resistencia anticolonialista y disenso británico],* de Priyamvada Gopal, que leí durante la escritura de estos poemas.

El recuerdo de la universidad como zona de «cuidado condicional» de Sara Ahmed en *On Being Included: Racism and Diversity in Institutional Life [Sobre la inclusión: racismo y diversidad en la vida institucional]* ha resultado ser profundamente propioceptivo para mí, como sé que lo ha sido para muchas otras personas.

También estoy en deuda con Sayra Pinto, Robert Bal, Mg Roberts, Eunson Kim, Lucas de Lima y Truong Tran por compartir conmigo, sin reprimir, sus pensamientos y experiencias, en el cruce que se da entre raza, poesía y experiencia institucional. De igual modo estoy muy agradecida por haber podido contribuir con una conferencia sobre estudios de raza, colonialismo y poesía en la primavera de 2019, comisariado por Tonya Foster y Dorothy Wang, en el Centro para graduados de la universidad de CUNY. Algunas de las ideas que aparecen en este libro fueron desarrolladas durante esa charla.

A Rosalie Doubal y ICA London, gracias por vuestro respaldo y confianza.

Mientras escribía los últimos ocho poemas de este libro, regresaba de un festival de literatura en Moss, Noruega. Sobre el océano Ártico, vi *Depósito,* una nueva película islandesa inspirada en la novela homónima de Auður Jónsdóttir. Me asombró estar viendo algo que se parecía tanto a la trama tan cruel de mi propio libro de poemas.

Estoy sumamente agradecida por haber sido galardonada con la beca Judith E. Wilson de poesía, de la Universidad de Cambridge, que me permitió concluir este libro y publicarlo.

Quiero dar las gracias a Sandeep Parmar por recomendarme Pavilion Poetry y ponerme en contacto con Deryn Rees-Jones. Sandeep es también la persona de la que me acuerdo cuando pienso en la partición de la India y su vida posterior, textura que está presente en estos poemas.

Gracias, también, a Sharon Anhorn, por dejarme escribir todo el día en su sofá, cuando llegó por primera vez la voz de este libro, y por preparar manzanilla con anís estrellado mientras escribía sin parar hasta el anochecer.

K. es Kate Zambreno.

La imagen de la cinta gris (suelta y luego tirante) proviene de la historia que Ellen McLaughlin me contó durante el retiro AROHO en el Ghost Ranch, en Nuevo México. Las referencias provienen de su obra de teatro, *Mercury's Footpath [El sendero de Mercurio]*, en la que Mercurio guía al pueblo al inframundo, atando una cinta gris a sus muñecas.

El trazo de tiza azul proviene del recuerdo de los preparativos para una escultura de barro, la figura recostada de una Buda femenina que Sharon Carlisle construyó en mi jardín hace unos pocos años.

Mi madre me contó la historia de Bumma, palabra por palabra, en un momento en el que cuidaba y recibía cuidados y que resultaba indistinguible del placer de la creación.

La primera edición de *Cómo lavar un corazón* de Bhanu Kapil, traducido por primera vez a nuestro idioma por el poeta Carlos Bueno Vera, se publica cinco años después de que *How To Wash A Heart* apareciera editado en Inglaterra –marzo de 2020, menudo momento– en Pavilion Poetry, sello especializado en poesía contemporánea fundado por la editorial Liverpool University Press hace diez años, gracias a todo lo cual y, claro, a que también un día escuchamos a Kate Zambreno mencionar el nombre de su autora, este corazón cruzó el mar y llegó a nuestros ojos.